पवन करण

पवन करण का जन्म 18 जून, 1964 को ग्वालियर, मध्य प्रदेश में हुआ। उन्होंने पी-एच.डी. (हिन्दी) की उपाधि प्राप्त की। जनसंचार एवं मानव संसाधन विकास में स्नातकोत्तर पत्रोपाधि।

उनके प्रकाशित कविता-संग्रह हैं—'इस तरह मैं', 'स्त्री मेरे भीतर', 'अस्पताल के बाहर टेलीफोन', 'कहना नहीं आता', 'कोट के बाजू पर बटन', 'कल की थकान', 'स्त्रीशतक' (दो खंड), 'तुम्हें प्यार करते हुए' और 'स्त्री मुगल'। अंग्रेजी, रूसी, नेपाली, तमिल, तेलुगु, कन्नड़, गुजराती, असमिया, बांग्ला, पंजाबी, उड़िया तथा उर्दू में उनकी कविताओं के अनुवाद हुए हैं। 'स्त्री मेरे भीतर' मलयालम, मराठी, उड़िया, पंजाबी, उर्दू तथा बांग्ला में प्रकाशित है। इस संग्रह की कविताओं के नाट्य-मंचन भी हुए। इसका मराठी अनुवाद 'स्त्री माझ्या आत' नांदेड महाराष्ट्र विश्वविद्यालय के स्नातकोत्तर पाठ्यक्रम में शामिल है और इसी अनुवाद को गांधी स्मारक निधि नागपुर का 'अनुवाद पुरस्कार' प्राप्त हुआ है। इसके पंजाबी अनुवाद को 2016 के 'साहित्य अकादेमी पुरस्कार' से पुरस्कृत किया गया है।

उन्हें 'रामविलास शर्मा पुरस्कार', 'रज़ा पुरस्कार', 'वागीश्वरी पुरस्कार', 'शीला सिद्धान्तकर स्मृति सम्मान', 'परम्परा ऋतुराज सम्मान', 'केदार सम्मान', 'स्पंदन सम्मान' से सम्मानित किया जा चुका है।

सम्प्रति : 'नवभारत' एवं 'नई दुनिया', ग्वालियर में साहित्यिक पृष्ठ 'सृजन' का सम्पादन तथा साप्ताहिक-साहित्यिक स्तम्भ 'शब्द-प्रसंग' का लेखन।

ई-मेल : pawankaran64@rediffmail.com

तुम्हें प्यार करते हुए

पवन करण

राधाकृष्ण पेपरबैक्स

राधाकृष्ण पेपरबैक्स में
पहला संस्करण : 2020
दूसरा संस्करण : 2025

राधाकृष्ण पेपरबैक्स : उत्कृष्ट साहित्य के जनसुलभ संस्करण

राधाकृष्ण प्रकाशन प्रा. लि.
जी-17, जगतपुरी, दिल्ली-110 051
द्वारा प्रकाशित

शाखाएँ : अशोक राजपथ, साइंस कॉलेज के सामने, पटना-800 006
पहली मंजिल, दरबारी बिल्डिंग, महात्मा गांधी मार्ग, प्रयागराज-211 001
1, अनमोल सोराबजी सन्तुक लेन, धोबी तलाव, मरीन लाइंस, मुम्बई-400 002

वेबसाइट : www.radhakrishnaprakashan.com
ई-मेल : info@radhakrishnaprakashan.com

बी.के. ऑफसेट
नवीन शाहदरा, दिल्ली-110 032
द्वारा मुद्रित

मूल्य : ₹250

TUMHEIN PYAR KARTE HUE
Love poems by Pawan karan

ISBN : 978-81-8361-954-7

महादेवी और मिल्टन के लिए

क्रम

प्रस्तावना

बड़ा सूफियाना अनुभव हो सकता है प्रेम के आकाश में देह को पतंग की तरह उड़ा देना, फिर उसकी लपट-झपट, तर्कहीन अटकन-भटकन शुद्ध लीलाभाव में दर्ज करते हुए उसे उस मुकाम तक ले जाना जहाँ कटने-बँटने-मरने-मिटने का कोई खौफ हो ही नहीं, पर प्रेम को उसकी सम्पूर्ण दैहिकता-ऐहिकता-मारक दाहकता में इस तरह पकड़ना शायद और भी कठिन है इस युग में जिसके बारे में रोज़ेविक जैसे महान कवि ने कहा कि इसमें तो प्यास की सबसे बड़ी परिभाषा है पानी, सूरजमुखी भी राख और प्रेम कविता की सबसे सटीक परिभाषा उसकी अमांसल वायवीयता! ऐसा कहते हुए रोज़ेविक मुस्काए जरूर होंगे क्योंकि स्वयं उनकी हर प्रेम कविता मानुष-गंध से नहाई हुई मांसलता का नमूना है—प्रेयसी के कान में लबों की पसिनाई धमक भी जहाँ दर्ज है!

पवन करण का पिछला संग्रह 'स्त्री मेरे भीतर' संवेदनासिद्ध परकाया प्रवेश का उत्कट उदाहरण बन हिन्दी जनमानस में दमका, और प्रेम कविताओं का यह संकलन 'तुम्हें प्यार करते हुए' भी अंतरंग बातचीत के अपने अनूठे छन्द के कारण अलग से याद किया जाएगा! एक के बहाने जब सारी दुनिया अच्छी-अच्छी, अपनी-अपनी लगने लगे तो मानिए, प्रेम

हुआ, पर युद्ध-कातर, आतंक-विह्वल इस दुनिया में इस शिद्दत से प्रेम कर ही कितने लोग पाते हैं कि अहं का विस्तार होते-होते इतना हो जाए कि सर्वसमावेशी हो जाए अहं का वृत्त : स्त्री-पुरुष और कायनात एक साथ हो जाए, एक ही छन्द में धड़कने लगे और सब द्वैत मिट जाएँ, जैसे उत्कट एकात्मता के क्षण में कालिदास, जॉन डन और लॉरेंस के यहाँ मिटते हैं! दूसरा उपाय शायद यह कि अहं छूटता-छूटता इतना सूक्ष्म हो जाए कि खुदी रही ही नहीं और जित देखौं तित लाल! कबीर और सूफियों ने स्वयं में स्त्री-चेतना घटित की, इसलिए उन्हें स्त्री भक्त कवयत्रियों वाला यह दूसरा मार्ग अधिक सुगम जान पड़ा! इस वाले संकलन में पवन ने अहं के सर्वसमावेशी विस्तार वाली पहली तकनीक अपनाई है और इसलिए वे स्त्री-चेतना में परावर्तित पूरी कायनात अंगीकार करते हुए संस्कृत कविता की प्रीति-कलह परम्परा का विशाल, लोकाभिमुख आख्यान रचते हैं जिसकी सबसे बड़ी ताकत है उसकी दैनन्दिन सहजता, उसकी 'एवरीडे-नेस' और शैया के पार जाते उनके अनेक अंतरंग प्रसंग जिनकी दमक में पूरी दुनिया ही खेल का मैदान या लीलाभूमि नजर आती है जहाँ कोई किसी का गोसाईं या बॉस नहीं—

'खेलत में को काओ गुसैयाँ'

हँसी-खेल से बड़ा 'लेवेलर' तो कोई हो नहीं सकता, सारी ऊँच-नीच यहाँ मिट सकती है, और प्रेम भी प्रजातांत्रिक स्पेस का सबसे बड़ा नमूना इसी अर्थ में है कि वहाँ कोई छोटा-बड़ा नहीं होता और एक मग्न-सी आवाजाही बनी रहती है भीतर :

'खुशी तुम्हारे भीतर चिड़िया की तरह
अपना घोंसला बनाकर रहती थी...
वह तुम्हारे भीतर से उड़कर आती थी
और मेरे पास से तिनके ले जाती थी
वह तुम्हारे भीतर से नहीं निकलती
तो मैं बेचैन हो जाता...'

हर्षातिरेक (जोसुआ) और अनन्य आपसदारी के रससिद्ध चित्र पूरे संकलन में बिखरे पड़े हैं, पर अंतरंग गपशप के जिन प्रसंगों में चित्त रम जाएगा, उनके सवाक् उदाहरण हैं : 'थाली', 'साँसों की लड़खड़ाहट', 'हामियाँ', 'एड़ियाँ', 'गुलाब जामुन', 'काली मिर्च', 'तुम्हारे आने की तारीख', 'तुम मानने से तो रहीं', 'भूलने की आदत', 'देरी', 'तुम्हारी आवाज', 'हमें ऐसा करते देख', 'ये मेरी ये तेरी', 'जब भी ऐसा हुआ', 'लिख दो', 'मुझसे प्यार करना सीखो : पाँच कविताएँ', 'बेकार', 'छत' और 'अस्पताल में'।

—अनामिका

तुम्हें प्यार करते हुए

चुराकर

नहीं यह फ्रेम जिसमें तुमने अपना फोटो लगा रखा है
मैंने कहीं से चुराकर नहीं, खरीदकर दी है तुम्हें
सोचो और सोचो तुम्हारे इस कमरे में जिसमें
रहती हो तुम खुश-खुश, ऐसा क्या है
जो कहीं से चुराकर दिया हो सकता है मेरा

हाँ-हाँ, तुम्हारा कहना सही है कि तुम्हारी गाड़ी में
चाबी के साथ लटके रहने वाला वह छल्ला
जो इस वक्त पढ़ने की टेबिल पर पड़ा है तुम्हारी
चुराया हुआ हो सकता है मेरा
और तुम्हारा यह सोचना भी सही है कि उसे
आसानी से चुराया भी जा सकता है
मगर कसम तुम्हारी यह छल्ला भी चुराया हुआ नहीं है मेरा

नहीं-नहीं तुम्हें भेंट की किताबों में से
एक भी किताब चोरी की नहीं ये सब वे किताबें हैं
जो मैंने अपने लिये खरीदीं या मुझे मिलीं

और पहुँच गईं तुम तक, और यह बात तो तुम
अच्छी तरह जानती ही हो कि परफ्यूम के बारे में
मेरी कोई समझ नहीं, और चप्पलें
तो चुराने से रहा मैं तुम्हारे लिए

अच्छा हार मानी, थोड़ा और सोचो
अरे बहुत सरल है, जो-जो लाकर दिया मैंने तुम्हें
उसमें से ही तो चुनना है तुम्हें
नहीं बता सकतीं तो चलो पास आकर बैठो मेरे
और फिर मुझसे सुनो तुम्हारे कमरे में
कहीं से चुराकर दिया क्या है मेरा

बिस्तर पर यह जो एक जोड़ी चादर बिछा रखी है तुमने
जिसके बारे में तुमने पूछा तक नहीं
कि कहाँ से लाया यह में तुम्हारे लिए
वह मेरी चुराकर दी हुई हैं, पूछोगी नहीं
कि तुम्हारे प्रेम में डूबा कहाँ से लाया मैं इन्हें चुराकर

जानना चाहती हो, सच-सच बताऊँ, पक्का, तो सुनो
हबीबगंज-निजामुद्दीन भोपाल एक्सप्रेस से।

ताने

जिसे मैंने अधूरा रख दिया पढ़कर
मैं उस किताब के पन्ने पलटता हूँ
मुझे उसमें तुम्हारा दिया एक ताना रखा मिलता है
मेरी सभी किताबों का यही हाल है
तुम्हारे दिये तानों से भरी हैं वे

मैंने जिसे पहना नहीं कई दिनों से
उस शर्ट को अलमारी से निकालता हूँ
देखता हूँ कि उसकी जेब में तुम्हारा दिया
एक ताना मुस्करा रहा है
पहनने के जितने कपड़े मेरे पास
उनकी एक भी जेब ऐसी नहीं
जिसमें तुम्हारा दिया ताना मौजूद न हो

तुमसे बहुत दूर जाकर भी देख लिया
तुम्हारे दिये तानों में से कभी एक भी नहीं हुआ कम
जहाँ रुका मैं तुमसे दूर उस कमरे

या फिर यात्रा में बस या सीट पर ट्रेन की
एक भी नहीं छूटा कभी

तुमसे प्रेम करना आसान नहीं रहा
तुम्हारे साथ-साथ तुम्हारे तानों से भी
करना पड़ा मुझे बराबर प्रेम।

थाली

मेरे साथ जीने की तमाम इच्छाओं में से
एक इच्छा यह भी रही तुम्हारी
कि तुम मेरे लिए खाना बनातीं

हाथ से झलते हुए पंखा
सामने बिठाकर मुझे
कढ़ी, चावल, आलू की चटपटी
सब्जी के साथ मुझे अपनी बनाईं
घी से चिपरीं रोटियाँ खाता देखतीं

मगर कई इच्छाओं में से
यह इच्छा भी पूरी नहीं हो सकी तुम्हारी
मान लो यह इच्छा
पूरी हो रही होती जब तुम्हारी,
तब मैं क्या करता

मैं यह करता कि मैं मेरे लिए
तुम्हारा बनाया खाना
मैं अकेले नहीं खाता बल्कि
तुम्हारे हाथों में घूमता बीजना,
तुमसे छीनकर एक तरफ रखता
और थाली में तुम्हें अपने साथ
खाना खाने बिठा लेता
और यह मैं एक-दो बार नहीं
हर बार करता

और इतना ही नहीं यदि तुम्हारी
यह इच्छा पूरी होती तो
तुम्हारे लाख मना करने और
हाथ से छीनने की
भरसक कोशिश करने के बाद भी
हम दोनों की झूठी थाली भी मैं ही धोता

हालाँकि मैं कभी-कभार
यह भी करता, तुमसे कहता
आओ यार अपनी झूठी थाली
हम दोनों मिलकर धोते हैं।

साँसों की लड़खड़ाहट

किसी डोर की तरह जब हम आपस में
उलझे होते उस वक्त हमारी साँसें भी
हमारी तरह सुलझने से इनकार कर देतीं

एक-दूसरे के मुँह में जब हम
गुड़ की तरह घुल रहे होते
हमारी साँसें भी घुल रही होतीं एक-दूसरे में

प्यार के हाथ जब हमें परात में
आटे-सा माड़ रहे होते
पानी में थप-थप करतीं
हमारी साँसें भी साथ-साथ मड़ जातीं

और जब हम दोनों उछल उछलकर
आकाश से चाँद तोड़ने की
कोशिश कर रहे होते
हमारी साँसें भी कसकर पकड़े हुए

एक-दूसरे का हाथ
दौड़ते हुए हवा से भी तेज,
हवा को ही अपनी जीभें चिढ़ा रही होतीं

जब से तुम्हारी साँसें मेरी साँसों का
हाथ झटक गईं मेरी साँसें दौड़ना तो क्या
ठीक से चलना तक भूल गईं

अब मैं उस चिकित्सक को
कैसे समझाऊँ जो मेरी साँसों की
इस लड़खड़ाहट को अस्थमा बताता है।

हामियाँ

हामियाँ भरने की क्या सजा मिलनी चाहिए मुझे

ये कि कहा जाए मुझसे कि प्यार में
मैंने अब तक जितनी भी हाँ कीं
उन सबको इकट्ठी करूँ और देखूँ
कि क्या सब सही थीं वे

ये कि बताया जाए मुझे कि मैंने अब तक
प्यार में जितने हूँके दिये
उनको पलटूँ और यह तय करूँ
कि क्या मुझे देने चाहिए थे वे

ये कि दिखाया जाए मुझे कि मैंने अब तक
प्यार में जितनी भी हामियाँ भरीं
उन सबको लाऊँ ढूँढ़कर और करूँ तय
मुझे उनके साथ नहीं रहना चाहिए था ?

प्यार में हाँ, हूँ तो करना ही पड़ता है
मेरी इस बात को मेरे मुँह पर मार देना चाहिए।

तुम्हें प्यार करते हुए

इधर मेरा तुम्हें प्यार करना शुरू होता
उधर उसका तुम्हें भड़काना

प्यार करने के दौरान ही वह तुम्हें
मेरे किये वह वादे याद दिलाने लगता
जो मैं तब तक नहीं कर सका था पूरे

वह तुम्हें ठीक उसी समय, जब हमारे बीच
बस हमें ही होना चाहिए था,
इस बात के लिए कुरेद देता कि
बहुत चालाक मैं बस तुम्हें प्यार करने से
मतलब रखता हूँ, तुमसे नहीं

तुम्हें प्यार करते हुए हर बार
थकने की स्थिति में पहुँच चुका हूँ मैं
जब तुमसे कहता अरे यार ये सब
बाद में कह लेना अभी प्यार तो कर लो

मेरी कही इस बात पर वह तुम्हें
इतना भड़का देता
कि तुम मुझे परे धकेल देतीं

तुम्हारा दिल तो मैंने घेर रखा था,
तब तुम्हें, मेरी तरह प्यार करने वाला
तुम्हारा गुस्सा कहाँ जाता, तो उसने
तुम्हारे दिमाग पर कब्जा कर लिया

तुम्हें प्यार करते हुए मुझे
बराबर लगता रहा जैसे तुम्हारा गुस्सा
तुम्हें मुझसे भी ज्यादा प्यार करता है।

एड़ियाँ

हम जब भी साथ-साथ
सीढ़ियाँ चढ़ते, मैं पहले तुमसे
सीढ़ियाँ चढ़ने को कहता
तुम चौंककर पूछतीं क्यों
क्या तुम मेरे साथ नहीं चलोगे,
मैं तुमसे कहता
तुम चढ़ो तो सही, मैं आता हूँ
और मैं नीचे रुककर
जीना चढ़तीं तुम्हारे पैरों की
उजलीं एड़ियाँ देखता

जब तुम सर्दियों की धूप में
पत्थर से रगड़-रगड़कर
अपनी एड़ियाँ धोतीं
तुम्हें चिढ़ाते हुए मैं कहता
इस पत्थर ने

तुम्हारी एड़ियों को
नहीं चमकाया
बल्कि तुम्हारी एड़ियों ने
घिस-घिसकर इस पत्थर को
चमका डाला है

कभी-कभार तुम इन पर
महावर लगा लेतीं
तो मैं तुम्हें टोकता
अरे यार तुमने
इतनी सुन्दर एड़ियों को
क्यों रँग डाला
कितनी बार कहा है
कि तुम्हारी एड़ियाँ
उन एड़ियों में से नहीं
जो महावर के लिए बनी होती हैं

हम बहुत बाद में मिले
हम पहले मिले होते तो मैंने
तुम्हारी इन एड़ियों को
तुम्हें झूला झुलाते हुए
अपने से दूर जाते
और पास आते भी देखा होता

इतना ही नहीं मैंने
पंजों के बल
रस्सी कूदते समय
लाल पड़ जाने वालीं

तुम्हारी इन एड़ियों में
कम से कम एक बार तो
अपना कंकर की तरह चुभना
जरूर महसूस किया होता।

गुलाब जामुन

हँसते समय तुम्हारे गालों में पड़ने वाले
गड्ढे देखकर मैं सोचता
कि एक बार इस गाल के गड्ढे में
और एक बार उस गाल के गड्ढे में
गुलाब जामुन खायी जाए रखकर

क्या करूँ गुलाब जामुन के प्रति
तुम्हारी दीवानगी देखकर
मुझे इसके अलावा कुछ सूझता ही नहीं
गुलाब जामुन तुम खातीं
मगर वह घुलता मेरे मुँह में

गुलाब जामुन खाने को लेकर
तुम्हारी ललक देखकर मुझे लगता
जैसे मैंने अपनी कविता की किताब
देते हुए तुम्हें तुमसे अपने
प्रेम का इजहार किया

कहीं ऐसा न हो कि किसी दिन
कोई दोने में भरे गुलाब जामुन
तुम्हारी तरफ बढ़ाते हुए
तुम्हारे प्रति अपना प्रेम प्रकट कर दे

और तुम ठीक उस तरह
जैसे बसकर रह गई मेरी कविता में
उसके प्रेम की चाशनी में भी
रह जाओ डूबकर!

कलाई घड़ी

पता ही नहीं चला कि ये बन्द पड़ी है
कल तो ठीक चल रही थी
इसकी वजह से मुझे आज
स्कूल पहुँचने में देर हो गई
सजा में खड़े होना पड़ा

अरे मेरी कलाई घड़ी बन्द है न
तो समय से अनबन चल रही है मेरी
समय पर नहीं आ पाती, नाराज हो

सुनो, मेरी घड़ी सुधरवा लाओ,
क्या कहा तुमने, तुम्हारे पास पैसे नहीं हैं
चलो फिर मैं ही देखती हूँ

जब तुम्हारी कलाई घड़ी खराब हुई
जब हम और तुम चौदहवें साल में थे

बरसों हुए तुम्हें देखा तक नहीं
पर तुम्हारी याद जरूर आती है

मगर जब भी तुम्हारी याद आती है
तुम्हारी खराब कलाई घड़ी
बीच में आ जाती है

साढ़े तीन दशक बाद भी
चाहता हूँ तुम मिलो मुझे
और मैं तुम्हें घड़ी की दुकान पर
ले जाकर तुमसे कहूँ कि तुम्हें
जो पसन्द हो वो घड़ी ले लो

और यदि इतने बरस बाद
मुझसे नई घड़ी लेने में हिचको
तो कम से कम इतना करो
मेरे कहने पर कलाई पर बँधी
अपनी सही चलती घड़ी
खराब मानकर सुधरवा लो।

काली मिर्च

एक बार मैंने तुम्हारे बैग में झाँककर देखा
तो मुझे उसके तल में
कुछ काली मिर्चें पड़ीं दिखाई दीं

तुम्हारी पीठ पीछे तुम्हारे बैग को खँगालना
और उसमें भरा अंट-शंट
बाहर करना प्रिय शगल रहा मेरा

अचानक तुम्हारे चले आने पर मैंने
तुम्हारे बैग से एक काली मिर्च
बाहर निकालकर तुम्हें दिखाते हुए कहा
क्या यार तुमने तो अपने बैग को
मसालदानी बना रखा है
ये काली मिर्च इसमें क्या कर रही है

क्या इन से किसी पर
काला जादू करने का इरादा है

वैसे भी तुम्हारी बातों में जादू
और आँखों में टोना दोनों हैं

इनसे काला जादू हो सकता है
ये तो मैंने नहीं सुना
मगर तुमने एक बार
मेरी पीठ के तिलों को
अपनी जीभ से सहलाते हुए उन्हें
काली मिर्च जैसा जरूर बताया था
तुम्हें याद है कि नहीं
मेरे कहे के जवाब में वह बोली

मेरे स्वाद में डूबे हुए तुमने
प्यार करते हुए मुझसे
क्या-क्या नहीं कहा
पर तुम्हारी यह काली मिर्च
ठहरकर रह गई मेरी याद में

बस तब से ये मेरे साथ हैं
बैग खोलते ही जब मेरी निगाह
इन पर पड़ती है मेरे तिल
मेरी पीठ में चुभने लगते हैं।

तुम्हारे आने की तारीख

कैलेंडर यदि तारीखों से भरा आकाश है
तो मेरी आँख में पूर्णिमा के चाँद-सी अटकी है
तुम्हारे आने की तारीख

तुम्हारे आने की तारीख
कैलेंडर में सबसे अच्छी तारीख है
मुझे तो अच्छी लगती बस यह

यदि ट्रेन में हवा के पहिये लगे हैं
तुम्हें लेकर आने वाली ट्रेन
मारते हुए जोर की सीटी
तुम्हें बिठाकर मेरी तरफ
भागती है खूब तेज
जैसे कह रही हो मुझसे
पहुँचो, कि आ रही हूँ उसे लेकर

दीवार पर हवा में फड़फड़ाते
कैलेंडर की ही तरह मगर
तड़प इतनी कि
तुम्हारे आने की तारीख में
छिपी होती है तुम्हारे जाने की तारीख

कि हवा के पहियों वाली
तुम्हें लाने वाली ट्रेन
सौ गुनी रफ्तार से
लेकर जाती है तुम्हें वापस ।

तुम मानने से तो रहीं

छाँव को जलाकर रख देने वाली धूप में
माँ जब तुम्हारे घर से बाहर निकलने पर
खीज रही होती
घर के दरवाजों को भी लगता
कि वे इस हद तक
लग जाएँ कसकर कि खुलें ही नहीं

मगर यह सोचकर कि तुम घर में
रुकने से तो रहीं वे चुपचाप खुल जाते

पानी को झुलसाकर रख देने वाली धूप में,
जब पिता तुम्हारे घर से बाहर
निकलने पर बड़बड़ा रहे होते
तुम्हारे स्कूटर को लगता कि वह
शुरू होने से ही इनकार कर दे

मगर वह भी यह सोचकर
कि तुम घर से बाहर निकले बिना
मानने से तो रहीं, वो तुम्हारे
किक मारते ही शुरू हो जाता

धूप में सड़क पर डामर का पिघलना
और मुझसे मिलने के लिए तुम्हारा
घर से बाहर निकलना साथ-साथ होता

जिन्हें तुमने हर बार झटक दिया
तुम्हें मुझसे मिलने को रोकतीं उन बेड़ियों को
धूप ने भी तुम्हारे पैरों में पहनाने की
कोई कम कोशिश नहीं की।

भूलने की आदत

भूलना तुम्हारी आदत में
ठीक उसी तरह शामिल था
जैसे मेरी आदत में याद रखना

तुम्हारे भूलने की आदत पर
मैं अक्सर तुमसे कहता
शुक्र है कि शरीर में तुम्हारे हाथ-पाँव जड़े हैं

सोचो, यदि वह किसी मशीन के
हिस्सों की तरह होते तो तुम अब तक
उन्हें रखकर कहीं भूल या खो चुकी होतीं
और सबसे ज्यादा सम्भावना तो
उनके चोरी जाने की होती

तब मेरी बात सुनकर हँसते हुए
तुम मुझसे कहतीं, तुम्हारे रहते
मुझे कुछ याद रखने की

क्या जरूरत है, तुम किसलिए हो
तुम्हारी इस बात पर मैं खीजकर रह जाता

मगर तुम्हारे जाने के बाद
मैं अपने भीतर कहीं
अपना वह प्रेम जो मैंने तुम्हें किया
रखकर भूल गया हूँ
वह मुझे मेरे लाख ढूँढ़ने पर भी
नहीं मिल रहा कहीं

अब मैं इस चिन्ता में हूँ
कि जब तुम आओगी और मुझसे
मेरा तुम्हें किया हुआ वह प्रेम
जिसे जाते हुए तुम मुझे
सँभालकर रखने की हिदायत दे गईं थीं
दिखाने को कहोगी तो
मैं तुम्हें क्या बताऊँगा

सच कहूँ तो तुम्हारे जाने ने
मुझे अपना प्रेम ही भुला दिया
क्या तुम जाते-जाते
अपनी भूलने की आदत भी मुझे सँभलवा गईं थीं।

जीभ

उसका फोन आता है मैं उससे
अपनी लटपटाती आवाज में
जैसे-तैसे बात करता हूँ
वह गुस्से में फोन काट देती है

उसकी नाराजी से मेरी
उसके बराबर पहचान है
तो मैं उसकी रूठन के
सब रंगों को जानता हूँ

मैं दोबारा फोन लगाकर
जब उसे बताता हूँ
मेरी जीभ कट गई है
इस वजह से मैं तुमसे
ठीक से बात नहीं कर पा रहा हूँ

यह पूछने की जगह
कि मेरी आवाज को क्या हुआ
तुमने फोन ही काट दिया

अरे, वह हँसकर पूछती है
तुम्हारी जीभ कैसे कट गई

मैं उससे कहता हूँ
अब क्या किया जाए
अपने दाँतों से
मेरी जीभ काटने के लिए
तुम तो यहाँ हो नहीं

तो मेरे दाँतों ने
उसे खुद ही काट लिया

मेरी बात सुनकर
उधर से फूटता
उसकी हँसी का फव्वारा
मुझे इधर भिगो देता है।

देरी

भले ही तुम मुझसे यह चिढ़कर कहते हो,
मगर अब तो मुझे भी लगता है
यह देरी, मेरी पक्की सखी है
जो हर वक्त मेरे साथ चिपकी रहती है

तुम ही नहीं मेरे घर में भी
सब यही कहते हैं, पता नहीं
इस देरी की बच्ची से
इसकी दोस्ती कब छूटेगी
ये उसके बिना घर से निकलती ही नहीं

दोस्तों के बीच भी यही हाल रहा मेरा
मुझे याद नहीं मैं कब इसको साथ लिए बिना
उनके बीच पहुँची, मैं कैसे बताऊँ
कि इसकी संगत के चलते मुझे
उनकी कितनी लताड़ सहनी पड़ी

एक बार तो नौबत यहाँ तक आ गई
कि दोस्तों ने मुझसे कहा
या तो तुम इसके साथ रहो या हमारे
मगर कितने अच्छे हो तुम
कि तुमने कभी ऐसा नहीं कहा मुझसे

मैं जानती हूँ कि तुमने मेरे साथ
इसके रहते कितना जानलेवा इन्तज़ार
किया मेरा, पर यह और भी अच्छा होता
कि मेरे और इसके सखियापे से
चिढ़ने की जगह तुम
इसे भी मेरे बराबर प्रेम करते

क्या हुआ जो मैं आज भी
इसके बिना तुमसे मिलने नहीं आ सकी
हर बार की तरह मुँह फुलाने से पहले
तुम यह भी तो सोचो कि जिन्दगी में
तुम मुझे कितनी देरी से मिले
कि हमेशा लगता है कि
इससे तो अच्छा है कि हम न मिले होते
जबकि मेरी तरह इससे तो
कभी दोस्ती नहीं रही तुम्हारी।

तुम्हारी आवाज

वह मेरे सिरहाने बैठ जाती है
और मुझसे करते हुए बातें
मेरा सिर दबाती जाती है

उसे लगता है कि उसे मेरे
कन्धे भी दबाने चाहिए तो वह
उन्हें भी दबाने लगती है

वह कहती है पल्टो, लाओ
तुम्हारी पीठ भी मल देती हूँ
दरअसल मैं यह चाहता भी हूँ
तो मैं पलट जाता हूँ

वह अपनी हथेलियों से
मेरी हथेलियाँ रगड़ देती है

पर वह जैसे ही
मेरे पैरों की तरफ बढ़ती है
मैं तुम्हारी आवाज के
हाथ पकड़ लेता हूँ

मगर वह तब भी
मेरे पैरों के तलवे
सहलाये बिना नहीं मानती

यही वजह है कि इन दिनों
बीमार पड़ा मैं
तुम्हें फोन काटने नहीं देता।

चाँद की चिट्ठी

आसमान से मेरे नाम लिखी
चाँद की चिट्ठी आई है
मैं तुम्हें पढ़कर सुनाता हूँ

चाँद लिखता है इन दिनों
उसकी साँस गले में अटकी है

चाँद कहता है कि तारे
उसके पास एक-एक कर आते हैं,
और उसे मेरे चाँद
यानी तुम्हारे बारे में बताते हैं

वे उससे कहते हैं
कि हमारे बराबर तारे तो धरती पर
जब तुम मेरे सामने हँसती हो
तब बिखर जाते हैं

वे कहते हैं कि तुम्हारे
चाँद की प्रेमकलाओं के सामने
मेरी सब चन्द्रकलाएँ फीकी हैं

वे उसे बताते हैं कि
आकाश में हम तारों से ज्यादा
तो धरती पर लोग
तुम्हारे चाँद के दीवाने हैं

यहाँ तक कि लोगों ने
मेरी जगह उसे चाँद और तुम्हें
धरती पर आकाश मान लिया है

तुम्हारे चाँद के रूपदीवाने
ये तारे अब आकाश में
मुझे अकेला छोड़कर
धरती पर बसना चाहते है

चाँद अपनी चिट्ठी में मुझसे
पूछ रहा है क्या मैं आकाश में
तारा रहा हूँ कभी कोई ?

कहीं ऐसा तो नहीं तब अनजाने में
उससे दिल टूट गया हो मेरा
और बदला लेने के लिए उससे
धरती पर उसकी सौतन ले आया मैं।

पहली बारिश

पहली बारिश में हमें नहाते देख
बादल खूब बरसते
हमें नहाते देख बादलों से
झरने वाली पहली बारिश की
हर बूँद हमें भिगोना चाहती

बारिश की बूँदों का मन रखने
हम एक-दूसरे की कमर में हाथ डाले
बारिश की हर बूँद से नहाने की
करते कोशिश

झूर कर गिरती पहली बारिश के
धुँधले परदों में तरबतर हम
एक-दूसरे को बाँहों में भरते
एक-दूसरे को चूमते

मुझे अकेले खड़े देख
पहली बारिश मुझसे

तुम्हारे बारे में पूछ रही है
कहाँ हो तुम, वह मुझसे
जानना चाहती है

पहली बारिश मुझसे कह रही है
मेरे अकेले के लिए
बरसने का मन नहीं उसका

पहली बूँदों ने यह फैसला
मुझ पर छोड़ दिया है
या तो मैं तुम्हें बुलाऊँ
या फिर वे बिना बरसे चली जाएँ।

हमें ऐसा करते देख

हम जिस भी पेड़ के नीचे बैठते
उस पर उगीं पत्तियाँ
उसके कान बन जातीं
और वे अपनी साँसें रोक-रोककर
हमारी गुटुर-गूँ सुनतीं
उनमें से कई तो टूटकर
हमारे ऊपर गिर ही पड़तीं

उसके आस-पास की मिट्टी में
घूमतीं चींटियाँ हमें छेड़तीं
वे हमारी ठीक उसी तरह
चिकोटी काटकर भाग जातीं
जैसे बैठे-बैठे एक-दूसरे को
चुपके से नोच लेते हम

तना जिससे पीठ टिकाए
बैठ जाते हम वह हमारी पीठों पर

इस तरह उभर आता
जैसे वह हमारी पीठ के काँच में
खुद पर इतराते हुए
अपना चेहरा देख रहा हो

डालियाँ अपने हाथों से
छोटे-छोटे फल हम पर उछालतीं
जिनमें से कुछ
तुम्हारी गोद में गिरते
कुछ मेरे कन्धों पर
हमारी तन्मयता बिगाड़ते
उनमें से एक-दो तो हमारे
बालों में फँसकर रह जाते

उसके नीचे बैठे
हम अक्सर उसकी ओट लेते हुए
एक-दूसरे को चूमते
और जब भी हम ऐसा करते
हमें हमेशा लगता जैसे
उसने मुँह फेर लिया हो अपना

हमें याद नहीं उसके नीचे बैठे-बैठे
हम ऐसा कितनी बार करते
मगर अब हम सोचते हैं
कि हमें ऐसा करते देख
हर बार उसे अपना मुँह फेरते हुए
कितनी तकलीफ होती होगी।

चाँद का अक्स

जिस रात आकाश के अँधेरे दर्पण में
तुम्हारा चेहरा दिखाई नहीं देता,
उस रात तुम्हें देखने को बेताब
गिनती में असंख्य ये तारे
मेरा जीना मुश्किल कर देते

कोई पूछता, कहाँ गया तुम्हारा चाँद
आज दिखाई नहीं दे रहा
तुमसे रूठकर धरती की
किस अँधेरी ओट में जा छुपा है वह

कोई कहता ऐसा तुमने
क्या कह दिया उससे
जो वह आज रात पास नहीं तुम्हारे

कोई बताता कि देखो
उसके तुम्हारे साथ न होने से
अँधेरे में डूबी है हमारी दुनिया

एक साथ कई तारे चिल्लाते हुए
कहते अब हम क्या करें
हम धरती पर आकर
तुम्हारे चाँद को
ढूँढ़ भी नहीं सकते
और इतने उदास तुम हो कि
अपना मुँह सिये बैठे हो

फिर तारों की चिल्लाचौंट
और तुम्हारे बिना अँधेरे में डूबा
आकाश ही मुझसे कह बैठता,
दुनिया भले ही
मुझमें दिखाई देते अक्स को
चाँद मानती हो
मगर मैं और तारे
तो यह जानते हैं न
कि वह चाँद नहीं,
चाँद का बिम्ब है तुम्हारे

सच-सच बताओ
कहीं हमारे साथ
कोई खेल तो नहीं खेल रहे तुम

ये तेरी ये मेरी

बहती हुई हवा में एक-दूसरे से
बार-बार टकराते
या यों कहें कि एक-दूसरे को
छूते और चूमते
गुलाब के दो फूलों को
डाल से बिना तोड़े
एक मैं तुम्हें भेंट करता
एक तुम मुझे

हमारी आँखों के सामने
साथ-साथ और पास-पास
लगे, पले और बढ़े और हमारी तरह
एक-दूसरे की आँखों में आँखें
डालकर देखते दो किशोर पेड़ों में से
एक को मैं तुम्हारा नाम देता
और एक को तुम मेरा।

कमरे की खिड़की पर
हमारे रखे खाने के लिए
बिला नागा आने वालीं
गिलहरियों की तरफ से
मैं तुम्हें चूमता
और चिड़ियाओं की तरफ से
तुम चूमती मुझे

सड़क पर जाती
कुत्ता-कुतिया की जोड़ी को
देखकर एक-दूसरे की तरफ
मुस्कराते हुए मन ही मन
एक-दूसरे से ये कहे बिना
कि देखो हम जा रहे हैं
नहीं मानते हम

यहाँ तक कि बुरी तरह लड़ते
दो लोगों की एक-दूसरे को
दी जा रहीं गालियाँ भी
ये वाली तेरी और ये वाली मेरी
कहकर हँसते हुए हम
आपस में बाँट लेते।

हम एक दूसरे को भूल जाएँगे
पाँच कविताएँ

1

हम एक दूसरे के सामने पड़ेंगे, चुरा-चुराकर या नजरें भर-भरकर
एक दूसरे को देखेंगे मगर एक दूसरे को याद नहीं आएँगे
हम इस हद तक एक दूसरे को भूल जाएँगे

हमें इससे पहले जिन्होंने देखा एक दूसरे को प्यार करते झूरकर
उन्हीं में से कोई देखकर हमें एक दूसरे से इस कदर अनजान
दाँतों तले दबाए अपनी उँगली
एक दूसरे से करवाएगा हमारा परिचय
मगर हम एक दूसरे के उन चेहरों को जो कभी
पहचान हुआ करते थे हमारी, पहचान नहीं पाएँगे

हम एक दूसरे को बताएँगे अपने नाम मगर हम अपने उन नामों को,
जो हमेशा संग-संग देते थे सुनाई और दिखाई

जिन्होंने एक दूसरे का हाथ पकड़कर चढ़ ली
प्रेम की सबसे बदनाम चोटी, बस सुनकर रह जाएँगे

बातें वही होंगी हमारी उनमें कुछ भी नहीं होगा अलग
जिन्हें करते हुए हमें अब भी लगेगा अच्छा
मगर हमें यह याद तक नहीं होगा कि इन बातों को
सैकड़ों बार कर चुके हैं हम और ये हमारे खूब बरते जाने के बाद भी
न तो अब तक घिसी हैं न ही फीकी पड़ी है इनकी चमक
और ये वही बातें हैं जिन्हें, करते हुए हमें
देखने वाले कहा करते थे भुनभुनाते
इनकी जेबें हमेशा बातों की खनखनाहटों से भरी ही रहती हैं

हमारे कानों के लिए भी अनजानी होगी हमारी वह आवाज
जो नये-नये रूप धर हम तक पहुँचती
जिसे हमने एक दूसरे के सामने कभी सुस्ताते नहीं देखा
जिसकी गूँज हमें अपने ठहाकों से लेकर चुप्पी तक में
देती सुनाई जो कभी बेहद कड़वी हो जाने पर भी हमारे कानों में
गुड़ की तरह घुलने का अपना सुभाव नहीं भूली

हमेशा के लिए एक-दूसरे को भूलने के बाद हमारा मिलना
जितना अजनबी होगा उतना ही अपरिचित होगा हमारा एक दूसरे से लेना विदा
हमारे लिए हमेशा जानलेवा रहा एक-दूसरे को छोड़कर जाना
हमें मगर यह याद तक नहीं होगा कि एक दूसरे को
बहुत आसानी से अपने से दूर कभी जाने नहीं दिया हमने

कभी तुमने जाने को कहा तो मैंने न जाने देने की जिद पकड़ ली
और कभी मैंने कहा तो तुमने, मगर जब हम एक दूसरे को

जानते थे तब ऐसा सोच भी नहीं सकते थे कि कभी हम
एक दूसरे को इस हद तक भूल जाएँगे कि तुम जाने को
कहोगी और मैं सहज ही जाने दूँगा तुम्हें
और तुम इस बात पर लड़े बिना कि मैंने तुम्हें
इतनी आसनी से कैसे चले जाने दिया, चली भी जाओगी

हम एक दूसरे को इस हद तक भूल जाएँगे कि भूलने से पहले
हमें जानने वाले कि हम एक दूसरे को किस हद तक जानते थे
इस बात की दिलाएँगे याद मगर हमें उनकी किसी बात का
विश्वास नहीं होगा हमें लगेगा ही नहीं कि हमें
हमारे बारे में कही जा रही किसी बात पर ध्यान भी देना चाहिए

हमारा इस हद तक भूलना हमारी उस इच्छा के पूरा होने जैसा ही होगा
जब हम एक दूसरे को इस हद तक जानते थे कि अक्सर कहा करते थे
कि जब हम मिल नहीं सकते तो बेहतर है कि एक दूसरे को भूल जाएँ।

2

हम बैठने के लिए चुनेंगे अपनी पसन्द की जगह
मगर हमें यह मालूम तक न होगा कि कभी यही जगह
पहली और आखिरी पसन्द हुआ करती थी हमारी
जिसके घिरा मिलने पर खीज से भर जाया करते थे हम
कई बार तो हमें खिजाने या हमारे जैसा हो जाने की इच्छा लिये
हमारे हमउम्र घेर लिया करते थे उसे

हमें एक बार फिर साथ-साथ बैठा देखकर लड़का आएगा
और हमारी टेबुल पर रख जाएगा तुम्हारे लिए काली चाय

जबकि हमने नहीं दिया होगा उसे कुछ भी लाने का आदेश
तुम बिना कुछ कहे पीने के लिए अपनी चाय उठाओगी और
अपनी चाय उठाता हुआ मैं तुमसे पूछूँगा अच्छा आप यह पीती हैं
हमारी जगह बस उसे याद होगा कि क्या पसन्द है हमारी

वह हमेशा की तरह तुम्हें देखकर हो जाएगा खुश और तुमसे करेगा
शर्माते हुए बात और तुम भी उसे उसकी बात का हँस-हँसकर दोगी जवाब
तुम्हें उससे बात करते देख मुझे नहीं होगी
वैसी तिलमिलाहट जैसे कि हुआ करती थी पहले
मुझे यह याद नहीं होगा कि उस तिलमिलाहट के साथ
मैं तुमसे हर बार कहा करता था यह भी कि तुम मानो या न मानो
मेरी तरह यह भी तुम पर अपनी जान छिड़कता है

मगर हमारे बीच पसरे अनजान को वह कुछ-कुछ
ताड़ लेगा और पूछेगा खुद से आश्चर्य में भर
फिर अकेला वही क्यों हमें दूर-दूर बैठा देख
पुरानी उन कुर्सियों को होगी हैरानी जिन्होंने
एक दूसरे को भूलने से पहले हमें हमेशा सटकर बैठाये रखा
उनके लिए यह एक आश्चर्य ही होगा क्योंकि जब हम
एक-दूसरे में उलझे थे जटिल, तब जो हमने एक-दूसरे से कहा
वो बस हमारे अलावा उन्होंने ही सुना और जो उन्होंने सुना
करते हुए उस पर विश्वास वे कभी सोच भी नहीं सकते थे कि
हम कभी एक-दूसरे से इस हद तक टूट भी सकते हैं
एक-दूसरे से इस तरह बर्ताव करते देख
हो सकता है कि वे भी इस बात को समझ ही जाएँ
कि हम दोनों अब एक-दूसरे को जानते तक नहीं

हमें वहाँ नियमित बैठा देखने वाले भी थकने लगेंगे
यह देखकर कि हममें से कोई एक-दूसरे के साथ
न तो कोई शरारत ही कर रहा है और न ही चल रहा है
पहले की तरह हमारे बीच किसी तरह का रूठना-मनाना
हमें एक दूसरे के साथ होते भले ही किसी की परवाह न रही हो
मगर इसके चलते देखने वालों ने हमें बेझिझक जहाँ तक कि
बेशर्म होते तक देखा हालाँकि वह तब प्यार का हिस्सा था हमारे

हमारे बीच पसरी अजनबीयत इस हद तक
संकोच से भर देगी उन्हें कि उन कटाक्षों को हमारी तरफ
उछालना तक भूल जाएँगे जो हमें अक्सर तिलमिला
और उन्हें अधिकतर खिलखिला दिया करते थे
इसके बाद भी कोई जाँचने के लिए हमारा बीच
कहेगा भी कुछ तो हमें लगेगा ही नहीं कि यह
जो कहा गया अभी लिए था हमारे

एक दूसरे को भूल जाने के बाद हमारे लिए जो सबसे अलग
अनुभव होगा तो वह यह कि हम एक दूसरे से बात करते हुए
बेफिक्र बैठेंगे साथ और हमारे बीच वैसा कोई डर नहीं होगा जैसा
जब हम एक दूसरे को जानते थे तब हमारे बीच बैठा रहता था घनघोर

3

हमें इस हद तक एक दूसरे को भूला देख
सबसे ज्यादह आश्चर्य में होंगे हमारे वे घर जिनकी साँसें
लम्बे समय तक हमारी वजह से गले में अटकी रहीं
इससे पहले जिनके लिए एकदम अनजान था प्रेम

जिनमें रहने वालों में से किसी ने भी हमसे पहले ऐसा एक-दूसरे
में गुथमुथ
चाशनी जैसा चिपचिपा और मीठा प्रेम नहीं किया

जिनमें रहने वालों में से कोई किसी से कभी छुप-छुपकर नहीं मिला
किसी ने नहीं लिखा किसी को कोई प्रेम पत्र
शिकायत की शक्ल में किसी की बदनामी चलकर कभी
उनके दरवाजों तक नहीं पहुँची, और तो और
हमारे घरों में रहने वालों में से किसी ने घर में प्रेम को लेकर
कभी कोई बात भी की हो घरों को ऐसा याद तक नहीं

हालाँकि इस बात पर सन्देह पैदा होता है कि हमसे पहले हमारे घरों में
हम जैसा तो क्या किसी ने कैसा भी प्रेम नहीं किया,
यह भी हो सकता है कि हम से पहले प्रेम को
पहचानते ही न हों हमारे घर, तब तो अपने घरों में हम ही हुए पहले
जिन्होंने घर का प्रेम से इस हद तक करवाया परिचय

ऐसे में जब हम हमेशा के लिये भूल चुके हैं एक-दूसरे को
हमारे घर हमें ठीक उसी तरह छुप-छुपकर देखेंगे और बातें करेंगे हमें लेकर
जैसे जब हम प्रेम में डूबे एक-दूसरे के, घरों में रहते,
छुप-छुपकर एक-दूसरे में जिया और किया करते थे
एक-दूसरे से संकेतों में बातें, हालाँकि तब हम
अपने घरों की बेहद निगरानी से उसी तरह खीजते
जैसे इन दिनों हमें एक दूसरे को भूला देखकर ठिठके है हमारे घर

क्या हमारी इस स्थिति पर भी हमारे घरों को पहले की तरह
होता होगा सन्देह और वह अब भी सबके बीच चिल्ला-चिल्लाकर

कहते होंगे झूठ है यह, कोई नहीं भूला एक दूसरे को
ऐसा सम्भव है कि इस हद तक प्रेम करने के बाद एक-दूसरे को
इस हद तक भूल जाए कोई कि पहचान ही न सके एक-दूसरे को

हमने कितनी बार भरोसा किया इन पर कितनी दफा देखा
इन्हें आजमाकर, क्या उस आधार पर इतनी जल्दी
इन पर विश्वास कर लेना ठीक होगा हमारा, हमारा कहना है
हमारी निगरानी में नहीं होनी चाहिए अब भी कोई कमी
प्रेम से बड़ा धोखा क्या होगा दुनिया में क्या हम नहीं जानते
ऐसा न हो कि इसकी भूल-भुलैया में हमको
ये इस हद तक भटका दें कि ये बना ले जाएँ अपना रास्ता

हमें तो अब भी इन दोनों में कोई अन्तर नजर नहीं आता
पहले भी तो ये इसी तरह रहते थे हमारे बीच
जैसे कुछ हो ही न इनके बीच, और जब तक हम इन्हें जाँच पाते
कितनी दूर तक बढ़ चुके थे यह, ऐसा न हो कि यह भी
इनके साहस का ही हिस्सा हो एक, जिसे इस बार भी
न पहचान पा रहे हों हमें, हमें नहीं लगता कि इनके बीच
एक दूसरे को हमेशा के लिए भूल जाने जैसा घटा है कुछ

ऐसे में जब हम एक दूसरे को हमेशा के लिए भूल चुके हैं
हमें लेकर हमारे घरों का यह सोचना ठीक ही होगा हमारे लिए,
इससे घरों को ही नहीं हमें भी इस बात को परखने का
मिलेगा मौका क्या बाकई हम हमेशा के लिए एक-दूसरे को भूल चुके हैं
या हम अब भी प्रेम करते हुए भी सबके आगे अपने प्रेम से अनजान
बन रहे हैं, और हमें लेकर घर का सन्देह पक्का है

4

हमेशा के लिए भूलने के बाद एक-दूसरे को हमारे बीच
सबसे ज्यादा, सबसे बड़ा और अंजान आश्चर्य तो यह होगा
कि एक-दूसरे के आगे एक-दूसरे के लिए
जादू से भरी हमारी देहें तक भूल जाएँगी एक दूसरे को

हमारी वे देहें जो एक दूसरे में इतनी बारीक बुनी थीं
कि इसके हमारा मालिक होने के बावजूद अपनी देहों के,
हमारे लिए तो क्या किसी के लिए भी सम्भव नहीं था
उसके ताने-बाने को उधेड़ पाना जिसमें गुथीं
एक दूसरे की देहों को हम देखते
और उन्हें मांस के एक लोथड़े से बना हुआ बताते

फिर यह बात तो हम ही जानते थे कि देहों के आकाश में
हमारी देहें उड़ चुकी थीं बहुत ऊँचा, वे देख चुकी थीं
देहों के जल के उस गहरे थल को छूकर
जहाँ पहुँचना सम्भव नहीं था हमारे भी लिए, मगर
यह हमारे बीच का अहसास ही था कि तब हम
एक छलाँग में लाँघ गये अपनी देहों के बीच की गहरी खाई

जब हम जानते थे एक दूसरे को तब हमारी देहों की
उछाल भी क्या उछाल थी कि उसे अक्सर लपक ही नहीं पाते थे हम
जब वह ठहरने लगती थी खा-खाकर टप्पे
तब ही कर पाते थे हम उस पर काबू
मगर उसका ठहरना भी उसका सुभाव नहीं था पक्का
वह एक बार फिर हमारे हाथों से छूट जाती
हम एक बार फिर से उसकी गति पर अपनी आँखें गड़ा देते

हमारी ही देहों के आगे हमारी ही पराजय का
यह खेल चलता और बढ़ता जाता निरन्तर
अब जब हमेशा के लिए भूलने के बाद एक दूसरे को
एक दूसरे की देहों को लेकर कोई भय नहीं हमारे बीच
मगर इस सच का पता भी हम ही को है
कि तब हमारी देहों की तेजी हमें किस कदर डराती थी,
हाथ पकड़कर एक दूसरे का भागते देख उन्हें
हमें लगता ही रहता था कभी एक-दूसरे में घुलने से
रोक दिया गया इन्हें तब क्या ये कभी
किसी और आँच पर खदक पाएँगी इतना

तब क्या दूर होने के बाद एक-दूसरे से ये भी ठीक उसी तरह
सूख जाएँगी हमेशा के लिए जैसे पेड़ से कटने के बाद डाल
सूख जाती है, लकड़ी हो जाती है, जल जाती है
मगर तब हम यह भी मानते कि जलने के बाद हमारी देहों की राख
नहीं पड़ेगी रहेगी यूँही हवा आएगी और उसे ले जाएगी उड़ाकर

हवा हमारी राख को इतना महीन घोलेगी अपने में
कि जान ही नहीं पाएगा कोई कि इस हवा में शामिल है हमारा होना
सबकी साँसों में वह उतरेगी और लिखेगी देहों का इतिहास
लिखेगी देह का प्रेम में देह होना, लिखेगी प्रेम में देह की रफ्तार
लिखेगी यह कि प्रेम में देह हुए बिना काहे का प्रेम
लिखेगी यह कि जब हम प्रेम में खरोंचते थे एक-दूसरे को
तब हम बस देह होते थे, बस देह

तब कहीं ऐसा तो नहीं कि हम ही भूले हों एक दूसरे को
और हमारी देहें अब भी एक दूसरे को पहचानती हों
क्योंकि हम एक-दूसरे को भूल चुके हैं तो इस वजह से

रह जाती हों वह एक दूसरे में घुलने की बेचैनी लिये तड़पकर
हालाँकि यह अब ठीक नहीं होगा हमारे लिए प्रेम में डूबीं हमारी
देहों का जाल भी था जिसमें बुरी तरह उलझे थे हम

5

जब हम एक दूसरे को भूल चुके हैं तो हमारे बीच आश्चर्य की तरह
नहीं होगा यह कि हम कभी मिलेंगे और नहीं करेंगे उस उम्मीद का जिक्र
जिसकी तरफ हमने जब हम जानते थे एक-दूसरे को,
बस इसलिए निरन्तर देखा कि शायद वही हमें हमारे बीच के
गणित का कोई हल सुझा दे, मगर वह भी ठीक उसी तरह
अजनबी होगी हमारे लिए जैसे एक दूसरे के लिए अब हम

यह भूलते हुए कि हम दोनों की सोच में वह सक्रिय थी बराबर
और उसे लेकर मैं कई बार तुमसे पहले भी यह कह चुका हूँ
मैं तुमसे एक बार फिर कहूँगा अरे तुम्हारी उम्मीद,
मेरी उम्मीद से किस कदर मिलती है यह तो कमाल है,
बदले में तुम एक बार फिर रह जाओगी हँसकर

मगर तुम्हारी इस हँसी में उस उम्मीद से चलकर
तुम्हारे चेहरे और तुम्हारे चेहरे से होता हुआ मेरी हथेलियों
और मेरी हथेलियों से होता हुआ मेरे चेहरे तक आया
नहीं होगा कोई रंग जो इतना सुर्ख कि
कोशिशों के बाद लाख छुटाये न छूटे बेशर्म और एक बार फिर
पकड़कर हम दोनों का हाथ ले जाए हमें वहाँ तक
जहाँ सब घुल-मिलकर हो जाता है एक
जैसे थे हम तब जब एक दूसरे को जानते थे हम

एक बार फिर ऐसा होगा जब उम्मीद को निहार रही होओगी तुम,
मैं निहार रहा होऊँगा तुम्हें, अचानक तुम पकड़ लोगी मुझे
और एक बार फिर से मैं रह जाऊँगा सकपकाकर
लेकिन जब हम जानते थे एक दूसरे को तब की तरह
अब जब हम एक-दूसरे को भूल चुके हैं हमेशा के लिए

नहीं जान पाऊँगा मैं कि तुमने इस तरह निहारने को मेरे
किस तरह लिया क्या तुम उस पुराने में से पहचान सकीं कुछ
जो बहुतायत में बिखरा यहाँ-वहाँ हमारे बीच लेकिन
भूलने के बाद एक-दूसरे को तब की कोई याद नहीं होगी हमारे बीच

पुरानी उम्मीद ही नहीं एक-दूसरे को लेकर हमारे बीच
अब ऐसा कोई प्रश्न नहीं होगा क्षत-विक्षत जिसका उत्तर ढूँढ़ते-ढूँढ़ते
हमारे सपने एक बार फिर छालों से भर जाएँ
एक दूसरे को भूलने के बाद कल को लेकर कोई भय नहीं होगा हमारे बीच
देखा जाए तो हमारे बीच जब हम जानते थे एक-दूसरे को
वैसे तरीके का कोई कल ही नहीं होगा उदास

एक-दूसरे को भूलने के बाद एक दूसरे की आँखों में
साफ और चमकदार होंगे हमारे अनजान चेहरे
हमें हमारे अपने उन चेहरों की कोई छवि अपने इन चेहरों में
दिखाई नहीं देगी जिन्हें हमारी बातों ने अपने नाखूनों से
इतना और इतनी बार खरोंचा कि सबको
एक-दूसरे के चेहरों पर साफ-साफ नजर आने लगे हम

मगर हमारे बीच का वह समय जो रहा हमारे साथ जरूरी नहीं कि वह हमें
भूल ही गया हो, हो सकता है वह हमें न भूला हो अब तक

और यह भय लिये मन में कहीं पड़ा हो बेसुध कि कहीं हम फिर से
ढूँढ़ न लें उसे
हमारा एक-दूसरे को भूल जाना, समय का हमें भूल जाना नहीं

बेहतर यही होगा समय का वह हिस्सा भूले से भी न मिले हमें अब कहीं
यह इसलिए भी ठीक होगा हमारे लिए कि कहीं हमारे बीच
वह सिलसिला फिर से न हो जाए शुरू जिससे बचकर इस स्थिति में
पहुँचे हम कि हम एक-दूसरे को भूल गए हमेशा के लिए।

अब तक होता तो यही आया है

ऐसा न चाहने के बावजूद भी
मैं यही सोचती रही जैसे ही तुम्हें
अपनी ओर आती हुई दिखाई दूँगी,
तुम मुझे आगे बढ़कर
अपनी बदहवास बाँहों में भर लोगे
नहीं छोड़ोगे देर तक
और मेरी छातियों को
अपने आँसुओं से कर दोगे तर,

लगातार बताते रहोगे मुझे
कि तुम्हारे बिना कितना
कठिन है जीना, और मरना
तो उससे भी ज्यादा कठिन
जब तुम थीं तो हमारे लिए
कितना आसान था मरना

जरा-सा भी मरना चाहा होता
तो आसानी से मर गए होते

कहोगे मैं अब भी तुम में ही
रहता और जीता हूँ, समय का
कोई हिस्सा ऐसा नहीं जो
तुम्हारे बिना बिताता होऊँ मैं,
सुनो मेरे दिल से कान लगाकर
अपना नाम सुनो, देखो
और मेरी आँखों में बसे
अपने उदास चेहरे को पहचानो

मगर तुम, तुम तो, मेरे सामने
उस दिन की तरह
जिस दिन वक्त मुझे तुमसे
लिये जा रहा था दूर
बस सिर झुकाए बैठे रहे

लगता है मेरी तरह तुम भी
जो प्रेम ने हमें दिया उस घाव को
भरने की कोशिश कर रहे हो

अपनी ललक और झपटों को
डपटकर, हम में से कौन
इसे पहले भर पाता है?

किसी एक का इसे भर लेना
दोनों का भर लेना होगा

यह भी कि इसे हम दोनों में से
कोई न भर पाये और इसमें से
हमारा प्यार हमेशा रिसता रहे
अब तक होता तो यही आया है।

नमक

तुम्हारा चेहरा तुम्हारे प्रेम से
अपने लिए नमक माँग लेता है

तुम्हारा प्रेम तुम्हारे आँसुओं से
नमक चुरा लेता है

तुम्हारे आँसू तुम्हारे दुखों से
नमक बचा लेते हैं

तुम्हारे दुख तुम्हारी बेबसी से
नमक सोख लेते हैं

तुम्हारी बेबसी में कितना
नमक घुला है ये मुझे तुम्हारे
साथ से पता चलता है।

तुमसे दूर रहता हूँ

तुमसे दूर रहता हूँ तो तुम्हारे
सपनों से दूर रहता हूँ

तुम्हारे सपनों से दूर रहता हूँ
तो तुम्हारी नींद से दूर रहता हूँ

तुम्हारी नींद से दूर रहता हूँ
तो तुम्हारी रात से दूर रहता हूँ

तुम्हारी रात से दूर रहता हूँ
तो तुम्हारे अँधेरे से दूर रहता हूँ

तुम्हारे अँधेरे से दूर रहना
तुम्हारे प्रेम से दूर रहना है।

हार-जीत

शुरू में ही लगने लगा मुझे
हारने के लिए कर रहा हूँ प्रेम

प्रेम में हारना बहुत आसान है
हारने के लिए बस होता है हारना

जीतने के लिए करने पड़ते हैं जतन
जैसे प्रेम में किये तुमने

प्रेम में जीतने की सोचना
जीतने की ओर बढ़ना नहीं

प्रेम में आसानी से जीतने का मतलब
कोई आपसे हारने को तैयार था

इसके बाद भी तुम जीत नहीं सकीं,
और मैं भी रह गया हारने से।

वादा

मेरा प्रेम बस प्रेम नहीं था उसके लिए
वह एक वादा भी था

प्रेम करने के दौरान जब वह वादा
याद दिलाती, मुझे लगता वह
प्रेम से अधिक वादे से बँधी है

वह बार-बार उस दिन के बारे में
पूछती जिस दिन वह होता पूरा

उसके पूरा होने की प्रतीक्षा को
वह मुझे गा-गाकर सुनाती

उसे लगता ही न था पीकता हुआ यह
कभी मुरझा भी सकता है

वादा, मेरे प्रेम में पानी की तरह था
जिसके अभाव में सूख गईं उसकी जड़ें।

जरा हँस दो

मैंने तुमसे प्यार किया जरा हँस दो

जरा हँस मुस्करा दो मैंने छुप-छुपकर
तुम्हें अपना इंतजार करते देखा

पीछे से आकर मैंने अपनी हथेलियों से
तुम्हारी आँखें बंद कीं जरा खिलखिला दो

जरा खिलखिला दो मैंने तुम्हें अपनी
बाँहों में देर तक भरा कसकर

मैंने तुम्हारे होठों को इतनी जोर से चूमा
उन पर निशान पड़ गये जरा मुस्करा दो

जरा हँस दो कि मैंने अब तक
तुम्हें मना लेना नहीं छोड़ा

नाराज

तुम नाराज हो तो मुझसे सब नाराज हैं
सब, सब, सब, सब नाराज हैं

सबकी नजरें बचाकर जिस भीड़ में मैंने
चूमा तुम्हें वह भीड़ मुझसे नाराज है

जिसके नीचे बारिश से बचने खड़ा रहा मैं
तुमसे सटकर वह छाता मुझसे नाराज है

जिसके अदेखे में लिपटा रहा मैं तुमसे
उस छुपाव का हर कोना मुझसे नाराज है

जिसमें जीतते रहे हम एक दूसरे से
उस हार की हर खुशी मुझसे नाराज है

सब नाराज हैं, नाराज हैं, नाराज हैं
तुम्हारे साथ-साथ मुझसे सब नाराज हैं।

जब हम अलग हुए

कोई हमें जुदा करने आएगा
तो हम दोनों मिलकर
सूरज बन जाएँगे फिर देखेंगे
कि कोई हमें कैसे छू पाता है

हम चाँद की तरह हो जाएँगे
बहुत दूर चमकेंगे और वहाँ से
जुदा करने वालों से कहेंगे
आओ हमारे पास तक
जरा पहुँच कर तो दिखाओ

हम पृथ्वी में बदल जाएँगे
फिर देखेंगे हमें एक-दूसरे से
अलग करने वाले कैसे
हमारे दो टुकड़े कर पाते हैं

प्यार करने के दौरान
हम एक-दूसरे से यही कहते

मगर जब हम अलग हुए
हम इनमें से कुछ भी न हो सके
हमारा प्रेम बस फूल हो सका
बहुत आसान था जिसे तोड़ देना।

तुम्हारी होने से पहले

मैं तुम्हारे लिए नहीं भरना चाहती
खुद में कोई रंग
मैं तुम्हारे लिए नहीं चाहती खिलना
तुम्हारे लिए चहचहाने की
कोई इच्छा नहीं मेरी

तुम मुझ पर मँडराओ मैं नहीं चाहती
मैं नहीं चाहती तुम्हारी आँखों में
नजर आऊँ मैं हमेशा
मेरे पीछे-पीछे चलते हुए
मेरी नींद में भी चले आओ तुम
मुझे यह कतई मंजूर नहीं

मैं नहीं चाहती तुम हमेशा
मुझे गिनते, जोड़ते और घटाते रहो,

गणित तो क्या मैं तुम्हारे लिए
बारहखड़ी भी नहीं होना चाहती,

अच्छा, तुम्हारी होने से पहले
तुमसे यह कहती थी मैं,
        तब तो बहुत खराब थी मैं।

जब भी ऐसा हुआ

तुम्हें आया बुखार शरीफ था
तुम्हारे साथ-साथ उसने मुझे अपने लपेटे में
लेने की कोई कोशिश नहीं की

तुम्हारे सिरदर्द का भी हाल
यही था उसने तुम्हारे सिर से
मेरे सिर में घुसकर मुझे नहीं सताया

तुम्हारी पीठ की जकड़न तो
इतनी भली थी कि उसने मेरी पीठ तक
आने के बारे में सोचा तक नहीं

तुम्हारे पैरों की दुखन तो वैसे भी
मेरी जल्दी चलने की आदत से परेशान थी
तो वह मेरे पैरों में आकर क्या करती

मगर तुम्हें जब भी जुकाम हुआ
वह मुझे हुए बिना नहीं माना
और जब भी ऐसा हुआ
देखते ही बनी तुम्हारी खुशी।

लिख दो

मेरी आँखों में सलाखें और
माथे पर सजा लिख दो

पैरों में बेड़ी और हाथों में
हथकड़ी लिख दो

नाम के आगे मुजरिम
काम के आगे जुर्म लिख दो

दिल से, तुम्हारा नाम,
मिटा दूँ, यह मत लिखो।

मुझसे प्यार करना सीखो
पाँच कविताएँ

1

वह आई और मुझसे
कुछ नहीं बोली, फिर वह उठी
और उसने सबसे पहले
दरवाजे की सिटकनी चढ़ाई

फिर उसने अपने बैग से
लिपिस्टिक निकालकर मेरे होंठों को
अपने होंठों की तरह
शुरू कर दिया रँगना

यह देखने के लिए कि जैसा वह
अपने होंठों को रँगती है,
मेरे होंठ वैसे रंग गये हैं या नहीं
वह कुछ देर उन्हें देखती रही

फिर उसने मेरे हाथों को
अपने हाथों में लेकर
अपने होंठों को मेरे होंठों पर
शुरू किया रगड़ना

वह मेरे होंठों पर तब तक
अपने होंठ रगड़ती रही
जब तक हम दोनों के मुँह के
आसपास रँग नहीं गये

फिर एक-दूसरे को अपने में भींचे
लिपिस्टिक और थूक से बिगड़े
अपने-अपने मुँह लिए
देर तक हँसते रहे हम

उसके बाद अपना अबोला
तोड़ते हुए वह बोली तुम आज तक
ऐसा क्यों नहीं कर सके
जबकि यह तो
करना चाहिए था तुम्हें

कैसे प्रेमी हो कहते हो
तुम्हें प्यार करता हूँ
तुम्हें तो मुझे
प्यार करना भी नहीं आता।

2

एक दिन और उसने यह किया
उसने अपने गीले बालों को,
जिन्हें वह गीला ही बाँधकर
घर से चली आई थी
मेरे आगे खोल दिया

फिर अपने बैग से कंघी निकालकर
उसे थमाते हुए मुझे
वह बोली अच्छा चलो
तुम मेरी चोटी तो बनाओ

और सुनो जब तक तुम
मेरी चोटी बनाओगे मैं तब तक
अपने बैग में रखे
आईने की जगह
तुम्हारी आँखों में देखूँगी
अपनी चोटी का बनना

मैंने कहा क्या यार मैंने तो आज तक
किसी की चोटी नहीं बनाई,
तो क्या हुआ वह बोली
आज मेरी चोटी बनाओ,
मेरे बालों की
बहुत तारीफ करते हो न
क्या राधा की चोटी बनाते
कृष्ण को नहीं देखा तस्वीर में

फिर बड़ी मशक्कत के बाद
मैंने उसके बालों की
बुरी-सी चोटी रख दी गूँथकर

मैं जितनी देर उसकी चोटी
बनाता रहा उतनी देर वह
अपनी चोटी बनती देख
मुस्कराती रही,

फिर मुझसे जैसे-तैसे बनी
अपनी चोटी मेरे गले में
डालकर मुझसे बोली
देखो चोटी बनी ना तुमसे

मुझसे प्यार करना सीखो जनाब
मुझसे प्यार करना।

3

एक दिन उसने कहा
कोई काम नहीं करोगे तुम आज

आज मैं जो कहूँगी वही
करना होगा तुम्हें
यह कहते हुए उसने
मेरी गर्दन को अपनी
बाँहों में भर लिया

फिर उसने मेरे सिर से
जोड़ लिया अपना सिर

उसकी तरह मैं भी
डाले उसकी गर्दन में
अपने हाथ, जोड़े
सिर से अपना सिर
बैठा रहा चुप

मेरे लिए नया था यह
इतनी देर तक
उसकी साँसों को
अपनी साँसों में भरने देना

मैंने इससे पहले कभी
इस तरह उसकी साँसों
को अपनी साँसों में उतरता
नहीं किया था महसूस

इसके बावजूद मेरे भीतर
बेचैनी थी अजब
और वह थी कि
साधे थी गहरी चुप्पी

फिर उसने मुझ को
खुद से करते हुए अलग

पूछा, मेरी साँसों को अच्छी तरह
पहचान लिया न तुमने

मेरी साँसों को नहीं पहचानोगे
तो अन्तिम साँस तक
मुझे प्यार कैसे करोगे।

4

एक दिन उसने आते ही पूछा
तुमने खाना खा लिया
मैंने कहा अभी नहीं
वह बोली ठीक आज
हम दोनों साथ खाएँगे

कुछ देर बाद हमारे टिफिन
हमारे सामने खुल गये
मेरे टिफिन में रोटी के साथ
भिंडी थी, तो उसके में
दाल-चावल और अचार

उसने भिंडी अपनी तरफ
खींच ली और दाल-चावल
खिसका दिये मेरी तरफ

जैसी कि उसकी आदत थी
खाना खाते समय वह लड़ती जरूर थी

तो उस रोज भी लड़ने लगी
वह किसी बात पर

आदत के मुताबिक मैं अपनी
झेलता रहा उसका लड़ना

अचानक वह उठी और
आखिरी कौर अपने मुँह में
पहुँचा चुके खाने से बिगड़े मेरे हाथों को
उसने पकड़ लिया आकर

वह कुछ नहीं बोली और उसने
दाल-चावल से बिगड़ी
मेरी उँगलियों को अपनी जीभ से
चाट लिया एक-एक कर

उसका यह ऐसा लाड़ था
मुझ पर कि मुझे कुछ देर के लिए
कुछ सूझना तक हो गया बन्द

फिर मेरे हाथों को छोड़ते हुए
वह बोली, अब बताओ तुमने आज तक
मुझे इस तरह प्यार नहीं किया।

5

एक दिन ऐसे जादू से
उसने परिचय कराया मेरा

कि वह हमेशा के लिए
बस गया मेरे भीतर

वह बोली, चलो हम आज
जितनी देर तक बैठ सकते हैं
उतनी देर अपनी पीठ से
पीठ जोड़कर बैठेंगे,

फिर हम दोनों एक दूसरे से
अपनी पीठें सटाकर बैठ गए

कुछ देर बाद मुझे लगा
जैसे हमारी पीठें
ठीक हमारी तरह
नजरें भर-भरकर
एक-दूसरे को देख रही हैं

एक-दूसरे से लड़ रही हैं
कसते हुए एक-दूसरे पर ताने
कर रही हैं एक-दूसरे को प्यार

मुझे लगा जैसे उन्होंने
एक दूसरे को अपनी
बाँहों में भींच लिया है
उनका ताप एक-दूसरे को
तपा रहा है और भी

वे हमारी तरह
एक-दूसरे को चूम रही हैं

मुझे तो यह भी लगा
जैसे वे इस तरह अब तक
न मिलने देने के लिए उन्हें,
कोस रही हैं हमें

फिर अलग करते हुए
पीठ से पीठ वह बोली लगता है
तुम्हें तो कदम-कदम पर
प्यार करना सिखाना पड़ेगा।

झरना

उसके दिल में झरना था
मेरे दिमाग में झरना था

उसकी आँख में झरना था
मेरी बात में झरना था

उसके दर्द में झरना था
मेरी देह में झरना था

उसके साथ में झरना था
मेरे हालात में झरना था

झरना था झरना था झरना था
हमें हर हाल में झरना था।

सहना

विदा से पहले उससे,
पिता ने कहा सहना

हाथ फेरते हुए सिर पर
माँ ने कहा सहना

हँसते हुए इस बात पर
भाई ने कहा सहना

चिढ़ाते हुए जोरों से
बहनों ने कहा सहना

पर उसे याद रही मेरी
मैंने कहा मत सहना।

कसमें

जब तक तुम थीं कसमों का रंग हरा था
तुम्हारे जाते ही वे पीली पड़ गईं

तुम्हें विश्वास दिलाने मैं उन्हें खूब खाता,
बमुश्किल उनमें कोई सच्ची होती

ये जानते हुए भी कि मैं सच नहीं मगर
मेरे इन्हें खाने पर तुम मान जातीं

जब मैं इन्हें खा रहा होता मुझे लगता
जैसे तुम भी इन्तजार कर रही थीं इनका

हमारे बीच इनके अधिकतर झूठा होने के
बाद भी, हमें विश्वास भी इन्हीं ने दिलाया।

लाचार

हम जब साथ थे तब सब लाचार थे

सड़कें लाचार थीं गलियाँ लाचार थीं
दरवाजे लाचार थे खिड़कियाँ लाचार थीं

किताबें लाचार थीं पेंसिल लाचार थी
चाय लाचार थी साईकिल लाचार थी

जहाँ तक कि जो तुमने दिया मुझे
पीले रंग का वह फूल भी लाचार था

सबसे बड़ी लाचारी तो यह थी
कि हम भी एक सिक्के के दो चेहरों की तरह
एक दूसरे के लिए लाचार थे।

देह

मुझे देह से डराने की तुम्हारी सारी कोशिशें
व्यर्थ जाएँगी, मैं देह से नहीं डरता

तब भी नहीं जब वह कुछ ज्यादा चाहती है
और तब भी जब चाहने के बावजूद
उसे कम मिलता है

देह में रहकर खुद को देह से दूर
बताने वालों में मैं नहीं

आखिर दुनिया में दुनिया से पहले
मैं इसके भीतर रहता हूँ

खुशी का सूरज इसी देह पर उगता है
आँसुओं का झरना भी झरता है इसी से

मुझे अपनी और तुम्हारी देह से प्यार है।

ढीठ

मेरे प्रेम ने उसे इस कदर
ढीठ बना दिया था कि वह अपने बारे में
सोचना ही नहीं चाहती थी

प्रेम में यह दीवानगी से आगे की
स्थिति थी कि वह हर बात पर कहती
देखा जाएगा अभी तो प्यार कर लें

मैं जब भी उसे सचेत करने की
कोशिश करता वह कहती
ये मेरा ढीठपन नहीं
मेरा आज है, मेरा प्यार है

मैं जानती हूँ न तो तुम मेरा कल थे
न कल होओगे, तुम मेरा आज हो

मेरे कल को लेकर सोचते हो
क्योंकि तुम मेरे कल नहीं हो

तुम मेरा कल होते तो मेरे
कल को लेकर नहीं सोचते
मेरे साथ उसमें तुम भी होते।

चाय

आइये वहाँ बैठकर चाय पीते हैं
चाय भी हो जाएगी और बातें भी

मेरे संग चाय पीना पसन्द करेंगी
साथ चाय तो पी ही जा सकती है

चाय पीने का समय हो गया बैठो
मैं दोनों के लिए चाय मँगवाता हूँ

अरे आप बिलकुल चाय नहीं पीतीं
कमाल है कि आप चाय नहीं पीतीं

वह सोचती है काश कि उसने
पहली ही चाय ठुकरा दी होती।

पुराना

हम जिसे कर रहे थे वह प्रेम
पानी जितना पुराना था

हम अपनी अंजुरियों में भरकर
चखते उसका पुराना स्वाद

हम उसमें तैरते हुए अपने
चेहरे देखते पुराने

जब पानी के पुरानेपन में
एक दूसरे में घुल रहे होते हम

पानी बराबर पुराने दुश्मन
हमारे पीछे आकर हो जाते खड़े।

बचना

उसे निगाहों से बचना आता था वह अपनी
नजरें झुकाए निकल जाती थी

उसे देह से बचना आता था वह उसे
दिमाग पर सवार ही नहीं होने देती थी

उसे अपने दिल से बचना आता था
वह उसकी सुनती ही न थी

उसे खुद से बचना आता था
वह अपने को देती ही नहीं थी भाव

प्यार से क्यों नहीं बच सकी वह
सब दरवाजे-खिड़कियाँ बन्द थीं

इसके बाद भी धूल की तरह कैसे
उसके भीतर घुस गया वह

क्या उसने उसके भीतर ही शुरू
कर दिया था झरना

आखिर प्यार ने व्यर्थ कर ही दिया
उसका अब तक का बचना।

खुशी

खुशी तुम्हारे भीतर चिड़िया की तरह
अपना घोंसला बनाकर रहती थी

मेरे भीतर भी उसने गिलहरी की तरह
बना रखा था अपना बिल

वह तुम्हारे भीतर से उड़कर आती थी
और मेरे पास से तिनके ले जाती थी

जैसे वह मेरे अन्दर से बाहर आती थी
और तुमसे माँगकर दाना ले जाती थी

वह तुम्हारे भीतर से नहीं निकलती थी
तो मैं बेचैन हो जाता था

तुम भी मेरे भीतर से उसे निकलता
न देखकर हो जाती थीं परेशान

जब वह तुम्हारे लिए उड़ती थी
तुम्हारा चेहरा देखते ही बनता था

जैसे जब वह मेरे आगे फुदकती थी
सँभाले नहीं सँभलता था मेरा उल्लास

हम दूर क्या हुए वह तुम्हारे भीतर से गई
और जाते हुए तोड़ती गई अपना घोंसला

जैसे मेरे भीतर से भी मुझे खाली करके
वो एक बार गई तो फिर वापस नहीं लौटी।

बावरी

वह मेरे गले में अपनी बाँहों का
घेरा डालकर मेरी गोद में
बैठ जाती और कहती
तुम मेरे लिए सावन गाओ
मैं झूला झूलती हूँ

वह मेरे कन्धे से अपना सिर टिका लेती
और मुझसे कहती मेरे कन्धे
और सिर को थपथपाते हुए
मुझे हीर सुनाओ मैं खुद में
खुद को खोकर देखती हूँ

वह पीछे से आकर मेरी कमर
पकड़ लेती और मुझसे बोलती
मेरे हाथों को पकड़ लो
और धीरे-धीरे आगे बढ़ो मैं तुम्हारे पीछे
सलीब की तरह घिसटती हूँ

चल हट, बावरी, जब मैंने
पहली बार उससे कहा
वह बोली, ओ रे साजन
मुझे सही नाम से पुकारने में
तूने इतने दिन लगाए।

बातें

तुम इतनी बातें करती थीं कि उन्हें
सुनते-सुनते मैं बुरी तरह थक जाता था
उस थकान का रंग कंच हरा था

उस दौरान तुम्हारे मुँह से झरने वाली बातों में से
मैंने किसी एक को भी नहीं दिया मुरझाने

कभी मेरे मन में यह भी नहीं आया
कि तुमसे कहूँ अब कल बात करना ,
मेरे हूँके सुस्ताना चाहते हैं

बीन-बीनकर तुम्हारे बालों में, तुम्हारे कहने को
खोंसने की मेरी आदत जरा भी नहीं बदली

मैं अब भी तुम्हारे मुँह से झरने वाली
बातों को बीनने पागलों की तरह झपटता हूँ

मुझे उतावला देख तुम अब भी
पहले जैसी बातें करने की कोशिश करती हो

मगर तुम्हारी बातों से पहले सी कोई बात
अब बमुश्किल मिलती है

तुम्हें पहले-सी बातें कहने के लिए खुद से लड़ता देख
मुझे अब अपने पर गुस्सा आता है।

धोखा

मैं उससे जब भी कहता
मैं तुम्हें बहुत प्रेम करता हूँ
वह कहती मैं जानती हूँ
तुम मुझे धोखा दे रहे हो

जब प्यार कर रहा होता मैं उसे
वो मुझसे उस वक्त भी
ये कहे बिना नहीं मानती
कितनी पागल हूँ मैं
तुमसे इस हद तक
धोखा खाये जा रही हूँ

मैं जब उससे विदा लेता
वह कहती मुझे पता है
मुझे धोखा देकर एक दिन
चले जाओगे तुम

जब भी वह मुझे धोखा कहती
मुझे लगता यह मुझे
किस कदर पहचानती है।

हवा

तुम्हारे दिल में पकड़ा गया हूँ मैं
हवा अभी बताकर गई है मुझे

पकड़ी गई हैं लिखी हुईं जिदें
हवा कहकर गई है मुझसे

तुम्हारे कहने में मिला है कहना
मेरा, हवा ने कहा है अभी

तुम्हें हर हाल में रहना होगा कैद
हवा ने बताया है आकर

मगर कहकर गई है हवा, तुम्हें
अपने साथ ले आएगी उड़ाकर।

गलती

मुझे उस गलती से प्यार है, मैं उससे
बचने की कोशिश नहीं करता!, बल्कि
मौका मिलते ही मैं उसे करने लग जाता हूँ

मैं उसे करने से कभी नहीं हिचकता
मुझे कभी नहीं लगता ऐसा
कि इसे मुझे नहीं करना चाहिए,

कोई उसे सही नहीं कहता, सब उसे
गलत बताते हुए मुझसे कहते हैं
ये तुम गलती कर रहे हो

मगर मैं उसके लिए जीता और मरता हूँ
अहसास दिलाने वालों से मैं कहता हूँ
ये गलती तो मेरी पहचान है, तुम क्यों
यह तमगा मेरे सीने से उतारना चाहते हो

कभी ऐसा भी हो जाता है कि मैं भी
उसे गुस्से या लाड़ में
गलती कह देता हूँ तब वह अपनी
आँखों में भरते हुए आँसू कहती है मुझसे,

मैं जानती हूँ गलती हूँ मगर
तुम तो मुझे गलती मत कहो।

पानी

पानी चाहता है आईने की जगह
तुम उसमें अपना चेहरा देखो

चेहरा देखो तो कम हो उसका
खारापन, बढ़े उसकी मिठास

मिठास बढ़े तो इस जिन्दगी में
जिन्दगी का कड़वापन हो कम

कड़वा हो कम, पानी की जगह
गाए जाएँ दूर तक तुम्हारे गुन

गुन जिनकी वजह से तुम्हारे
नाम से मैं भी जाऊँ पहचाना।

छत

छत पर एक दूसरे को काटते हुए बँधी
अलगनियों पर बाल्टी-भर कपड़े
सूखने डालते हुए तुमने एक बार भी
आँख उठाकर इस तरफ नहीं देखा

मेरी कटी हुई पतंग और उससे जुड़ी
डोर पड़े-पड़े बदरंग हो गई
मगर तुमने उन्हें न तो
उठाकर एक तरफ रखा और न ही
छत से नीचे गली में फेंका फाड़कर

मैं ट्रांजिस्टर पर बिना रुके
बजाता रहा गाने पर गाने
मगर किताब पर निगाहें जमाए
तुम्हारे हाथों की उँगलियों में
फँसी कलम अपने पसन्द के गाने पर
एक बार भी नहीं थिरकी

भला ऐसे भी कोई मुँह फेरता है
जैसे उस छत की तरफ से
फेरा तुमने, उस छत की तरफ से
जिसे एक समय मेरे लिए लिखकर फेंके
खतों से तुमने भर दिया था

गमले में खिला फूल

तुम्हें घर से बाहर निकलते देख
गमले में खिला फूल मुस्कराता है

अपनी एक भी पत्ती
झरने दिये बिना वो तुम्हारे
लौटने की करता है प्रतीक्षा

तुम्हें घर में घुसते देख
वह खुशी से भर जाता है

सबसे ज्यादा खुश तो वह
तब होता है जब तुम उसे
एकदम करीब आकर
उसकी आँखों में
आँखें डालकर देखती हो

उसकी साँसें अपनी साँसों में
भर लेती हो

घर से निकलते-निकलते उसे
अपनी उँगलियों से छूकर
देखती तो हो, मगर तोड़ती नहीं

जिस दिन तुम घर से
नहीं निकलतीं उस रोज
हवा में डाल पर हिलती
उसकी एकटक निगाह
बस तुम पर टिकी रहती है

और तुम हो कि उस रोज
उसे आँख उठाकर देखतीं तक नहीं।

थूकना

मुझे उस लड़की से ज्यादा
उस लड़की का मुझे देखकर
थूकना याद आता है

जिसे मैं समझने को
तैयार नहीं था, और वह मुझे
मेरी तरफ थूककर
समझाना चाहती थी
कि वह किस हद तक मुझे
नापसन्द करती है

हालाँकि तब मेरे साथ
मुझे यह बताने वाले भी
कम न थे कि वह जो
इन दिनों दुनिया है मेरी
कभी मुझे देखकर
थूक दिया करती थी

बरसों तक मुझे देखकर
मुँह बनाते हुए उसका थूकना
आगने थूक की शकल में
मेरे गले में अटका रहा

और देखो, बरसों बाद
उसे भुलातीं मुझे मिलीं तुम
और सबसे पहले
तुम्हारे थूक से ही
किसी स्त्री के
थूक का स्वाद जान सका मैं।

पान

उसने अपने होठों को तो रगड़कर पोंछ लिया
मगर मुँह से रिसकर मुझे अपने कुरते पर
गिरते हुए नहीं देख सकी वह

जैसे माँ ने उस रोज उसके बैग में
आधा बचा हुआ पकड़ा मुझे
आज मुझे पहचाना उन्होंने दाग की शक्ल में

माँ समझ गई वह आज भी
उससे आई है मिलकर, उसने बताया नहीं
तब भी माँ को उसके प्रेम की खबर है

माँ के मँगवाने पर पिता लाए मुझे बाजार से
एक माँ ने खाया एक बेटी ने

जब मैं बेटी के होंठों पर रचा
तो माँ देखती रह गई उसके चेहरे को

मैं कभी माँ के होठों पर भी ऐसे ही रचता था।

ठोड़ी

मैंने कई बार ऐसा किया
पीछे से आकर
तुम्हारे सिर के बीचों-बीच
अपनी ठोड़ी टिकाकर
तुम्हारे सिर पर उसका
देर तक दबाव बनाये रहा
और तब तक नहीं हटा
जब तक दर्द से हड़बड़ाकर
मुझे पीछे धकेलते हुए
तुम खड़ी नहीं हो गईं

मैंने कुछ बार यह भी किया
कि पीछे से ही
तुम्हारे सिर को
अपनी ओर करते हुए
तुम्हारे माथे पर

ठोड़ी की नोक गड़ा-गड़ाकर
खुद का नाम लिख डाला

मैंने कई बार
पंजा लड़ाने की तरह तुम्हें
ठोड़ियाँ लड़ाने के लिए
उकसाया और तुम
पिछली हार को भूलते हुए
इसके लिए
एक बार और मान गईं

मैंने कितनी ही बार
बारी-बारी से
तुम्हारे दोनों कन्धों पर
अपनी ठोड़ी टिकाकर
आईने में तुम्हारे चेहरे के पास
अपने चेहरे को देखा रखकर

मगर मुझे सबसे मीठा
तो तब लगा
जब तुमने एक दिन
अपने हाथ से
ठोड़ी पकड़कर मेरी,
मुझसे यह कहा
कि तुम्हारी ठोड़ी भी तुमसे
कुछ कम शरारती नहीं।

आवाजें

मेरे कानों ने अपने भीतर तुम्हारी आवाजें
सँभालकर रखी हैं

इन आवाजों का सिलसिला जिस आवाज से
शुरू होता है वह है मेरे पास तेज चलकर
आते हुए तुम्हारे कदमों की आवाज

हैंडबैग रखने और टेबिल पर
चाबी का गुच्छा पटकने की आवाज

बैठने के लिए अपनी तरफ कुर्सी खींचने
और फर्श पर जूतियाँ उतारने की आवाज

बाकी आवाजें इन आवाजों के बाद
आना शुरू होतीं

किसी दिन मुझे प्यार करने के लिए नहीं
बस अपनी आवाजें सुनने के लिए आओ
और उन्हें सुनते हुए
अपनी आखिरी आवाज तक पहुँचो

मैं तुम्हारी इन आवाजों को
रोज झाड़ता और पोंछता हूँ।

दुत्कार

बचपन में मुझे बुरी तरह पीटने वाले पिता
मारने के साथ-साथ किसी भी बात पर
मुझे बुरी तरह दुत्कार देते
मैं खुद से कहता ये मेरी जान ले लें
मगर मुझे दुत्कारें नहीं

स्कूल में मास्टर जी मेरी कमअक्ली पर
मुझे समझाने की जगह
सबके सामने दुत्कार देते
मैं अफसोस से भर जाता और सोचता
ये कैसे मास्टर साहब हैं ?

अफसर जरा-सी बात पर डाँटने से
आगे बढ़कर जब दुत्कारने लगता
मैं कई बार बौखला उठता

तुमसे प्यार करने के अलावा
तुम्हारे लिए जब नहीं कर सका मैं कुछ और
और तुमने भी शुरू किया मुझे दुत्कारना
एक-एक कर मुझे पिछली
दुत्कारें याद आतीं चली गईं

निशान तो नहीं मिटा पाया मैं उनके
मगर कितनी ही दुत्कारें
अन्दर से निकाल फेंकीं मैंने

मगर तुम्हारी दुत्कारें हैं कि
भीतर गड़कर रह जाती हैं।

खाँसी

मैं तुम्हारी जिन आदतों से
परेशान रहा उनमें तुम्हारी एक आदत
मुँह पर खाँस देने की भी रही

जब भी तुम्हें खाँसी होती
सामने बैठकर बात करते हुए मुझसे
तुम खाँसती भी जातीं मैं सोचता
कमाल की भले ही कितनी हो ये
मगर ये सही है कि इसे
ढंग से खाँसना नहीं आता

खाँसते समय इसे मुँह तक
अपना हाथ ले जाने
या पास में रूमाल रखने में
कितनी तकलीफ होती है
मुझे खाँसी होती तो मैं

समझाने के लिए उसे
अपने मुँह पर हाथ रखता

मगर इस डर से कि कहीं तुम
इसी बात पर रूठकर न चल दो
मैं तुमसे मुँह पर हाथ रखकर
खाँसने की नहीं कह सका

एक बार जब मैंने तुमसे
इस बारे में कुछ इस तरह
कि तुम मुझे भी खाँसी किये बिना
नहीं मानोगी कहा भी तो
तुमने यह कहते हुए कि नहीं
तुम्हें कुछ नहीं होगा, मेरा कहा
एक झटके में उड़ा दिया

उस रोज मैं सचमुच बच गया
जो तुमने मेरी बात उस हद तक
समझते हुए यह नहीं कहा, अच्छा
मुझसे खाँसी हो जाने का इतना
डर है तो मैं ऐसा करती हूँ
तुम्हारे पास से ही चली जाती हूँ

और सुनो जिसे खाँसना आता हो
अपने लिए ऐसी प्रेमिका ढूँढ़ लो।

अचार

यह बात अच्छी तरह जानते हुए भी
कि अचार मुझे कतई पसन्द नहीं
तुम अपने टिफिन में
अपने साथ-साथ मेरे लिए भी
अचार लाना नहीं भूलतीं

टिफिन खुलते ही अचार की खुशबू
हमारी साँसों में भर जाती
ऐसा कभी नहीं हुआ कि
हमारे खाने में किसी रोज
बस तुम्हारा लाया अचार ही रहा हो
सरसों के तेल और तुम्हारे सरीखे
तेज मसालों में लिपटीं
सब्जियों के चलते, तुम्हारे लाये
अचार से मेरी दूरी बनी ही रही

खाना खाते हुए ठीक मेरी तरह
मेरे हिस्से का अचार भी
तुम उसी तरह खा लेतीं
जैसे तुमसे प्यार करते हुए
तुम्हारे हिस्से का प्यार भी मैं कर लेता

मुझे याद है मैंने एक-दो बार
तुम्हारा मन रखने के लिए उसे चखा
और तुम्हारी तरफ मुस्कराते हुए
यह कहकर रख दिया कि
इसकी खटास तो तुमसे मिलती है

मैं तुमसे एक बात पूछूँ
यदि तुम्हारी तरह मैं भी
अपने साथ तुम्हारे हिस्से का भी
अचार खाना शुरू कर दूँ
तब क्या अपनी खटास लिए
मेरी जिन्दगी में लौट आओगी।

अस्पताल में

तुम भले ही यह सोच रहे हो
कि अनुभवी चिकित्सक से
तुम्हारी कही यह बात
कि पैसे की कोई समस्या नहीं
बस आपरेशन बढ़िया हो
सुनकर मुझे अच्छा लगा होगा

आपरेशन के बाद अस्पताल के
सबसे अच्छे कमरे में भरती मुझे
कितने लोग आए देखने
तुम्हें भले ही लगता रहा हो
कि इतने लोगों का आना
मुझे भी अच्छा लग रहा होगा

सच कहूँ तो इसके साथ-साथ
तुम्हारा मुझसे यह कहना
कि सब ठीक तो है फिर तुम्हारे

ठीक होने में क्या कसर है
मुझे कतई अच्छा नहीं लगा

असल में मुझे अस्पताल में
अच्छा तब लगा जब तुम
मेरा हाथ पकड़कर
धीरे-धीरे चलाते हुए मुझे
पेशाब कराने ले गये

देह में लौक रहे दर्द के बीच
मुझे उससे भी अच्छा तब लगा
जब तुमने मेरे कपड़े बदले

सबसे अच्छा तब लगा
जब तुमने सिर दबाते हुए मेरा
मुझसे बार-बार पूछा सच बताओ
तुम्हारे पैर तो नहीं दुख रहे
लाओ मैं उन्हें भी दबा दूँ

ooo